Ciências

1º ano
ENSINO FUNDAMENTAL

3ª edição
São Paulo - 2013

Coleção Caderno do Futuro
Ciências
© IBEP, 2013

Diretor superintendente Jorge Yunes
Gerente editorial Célia de Assis
Assessora pedagógica Valdeci Loch
Assistente editorial Érika Domingues do Nascimento
Revisão Luiz Gustavo Micheletti Bazana
Coordenadora de arte Karina Monteiro
Assistente de arte Marilia Vilela
Tomás Troppmair
Nane Carvalho
Carla Almeida Freire
Coordenadora de iconografia Maria do Céu Pires Passuello
Assistente de iconografia Adriana Neves
Wilson de Castilho
Produção gráfica José Antônio Ferraz
Assistente de produção gráfica Eliane M. M. Ferreira
Projeto gráfico Departamento de Arte Ibep
Capa Departamento de Arte Ibep
Editoração eletrônica Departamento de Arte Ibep

CIP-BRASIL. CATALOGAÇÃO-NA-FONTE
SINDICATO NACIONAL DOS EDITORES DE LIVROS, RJ

P32c

Passos, Célia
 Ciências : 1º ano / Célia Maria Costa Passos, Zeneide Albuquerque Inocêncio da Silva. - 1. ed. - São Paulo : IBEP, 2012.
  il. ; 28 cm.   (Caderno do futuro)

 ISBN 978-85-342-3504-4 (aluno) - 978-85-342-3509-9 (mestre)

 1. Ciências - Estudo e ensino (Ensino fundamental). I. Silva, Zeneide II. Título. III. Série.

12-8661
CDD: 372.35
CDU: 373.3.016:5

27.11.12   28.11.12
040995

3ª edição - São Paulo - 2013
Todos os direitos reservados.

Av. Alexandre Mackenzie, 619 - Jaguaré
São Paulo - SP - 05322-000 - Brasil - Tel.: (11) 2799-7799
www.editoraibep.com.br   editoras@ibep-nacional.com.br

SUMÁRIO

BLOCO 1 4
Natureza
Seres vivos
Elementos não vivos

BLOCO 2 10
Seres humanos
Corpo humano
Órgãos dos sentidos

BLOCO 3 15
Animais
Vertebrados e invertebrados
Revestimento do corpo
Reprodução
Animais domésticos e silvestres

BLOCO 4 25
O ser humano e os animais

BLOCO 5 28
Os vegetais
Partes dos vegetais

BLOCO 6 31
Alimentação

BLOCO 7 35
Cuidados com o corpo
Higiene pessoal
Higiene do meio ambiente

BLOCO 8 41
Recursos naturais
– Água
– Solo
– Ar

BLOCO 9 50
A Terra
Movimentos da Terra
Estações do ano

Atividades complementares 57

BLOCO 1

CONTEÚDO:
- Natureza
- Seres vivos
- Elementos não vivos

Lembre que:

Na natureza encontramos vários elementos: luz do sol, animais, vegetais, solo, água e rochas.

- Os animais e os vegetais são seres vivos.
- Os minerais, a luz do sol, a água e o solo são elementos não vivos.
- As rochas, o carvão, as pedras preciosas e a água são minerais.

- Os humanos são seres vivos e fazem parte do grupo dos animais.
  - Os seres humanos transformam os elementos da natureza para viver. Os animais, os vegetais e os minerais são usados para fazer produtos. Os humanos são seres vivos e fazem parte do grupo dos animais.
  - Os seres humanos transformam os elementos da natureza para viver. Os animais, os vegetais e os minerais são usados para fazer produtos.
- Os **seres vivos** nascem, se alimentam, crescem, podem se reproduzir e morrem.
- Os **elementos não vivos** não nascem, não se alimentam, não se reproduzem e não morrem.

Animais

1. Desenhe figuras que representam elementos da natureza.

Animais

Vegetais

Minerais

Vegetais	Minerais

2. Faça a correspondência de acordo com as etiquetas. Veja o modelo.

1 – Animal   2 – Vegetal   3 – Mineral

| | 1 | | |
| | | | |

3. Copie o nome destes seres vivos.

Alface	Cenoura
Goiaba	Pato
Cavalo	Peixe

7

4. Cole figuras de seres vivos e de elementos não vivos.

Seres vivos

Elementos não vivos

Lembre que:

Os seres vivos precisam dos elementos não vivos para sobreviver.

- Os vegetais e animais precisam da luz do sol, da água, do solo e do ar para crescerem e se desenvolverem.
- É da natureza que todos os seres vivos retiram seus alimentos e o que mais precisam para sobreviver.

5. Do que os animais precisam para crescer?

6. Complete as frases utilizando as palavras do quadro:

solo - ser humano - água

a) A _____ é um elemento não vivo essencial.
b) O _____ é muito importante para o cultivo de vegetais.
c) O _____ transforma os elementos da natureza para viver.

7. Numere corretamente, de acordo com as perguntas.

1 - Que elementos não vivos são encontrados na natureza?

2 - Que objetos foram feitos pelo ser humano?

9

BLOCO 2

CONTEÚDOS:

- Seres humanos
- Corpo humano
- Órgãos dos sentidos

Lembre que:

Existem bilhões de seres humanos e nenhum é exatamente igual ao outro.

Nem todos têm a mesma cor de pele, a mesma altura, o mesmo tipo de cabelo.

Até as pessoas de uma mesma família são diferentes.

Todd Warnock

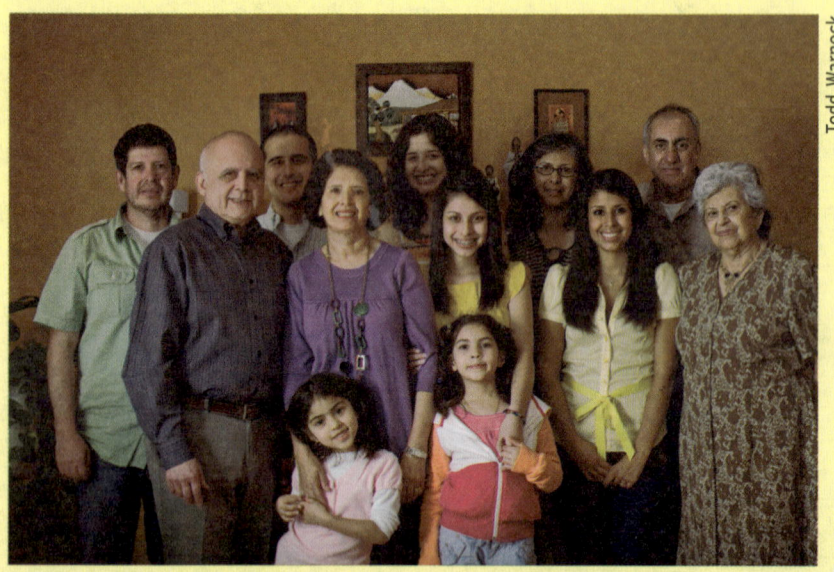

No entanto, altos ou baixos, magros ou gordos, de cabelos loiros ou morenos, os seres humanos possuem um corpo formado por cabeça, tronco, braços e pernas.

Jupiterimages

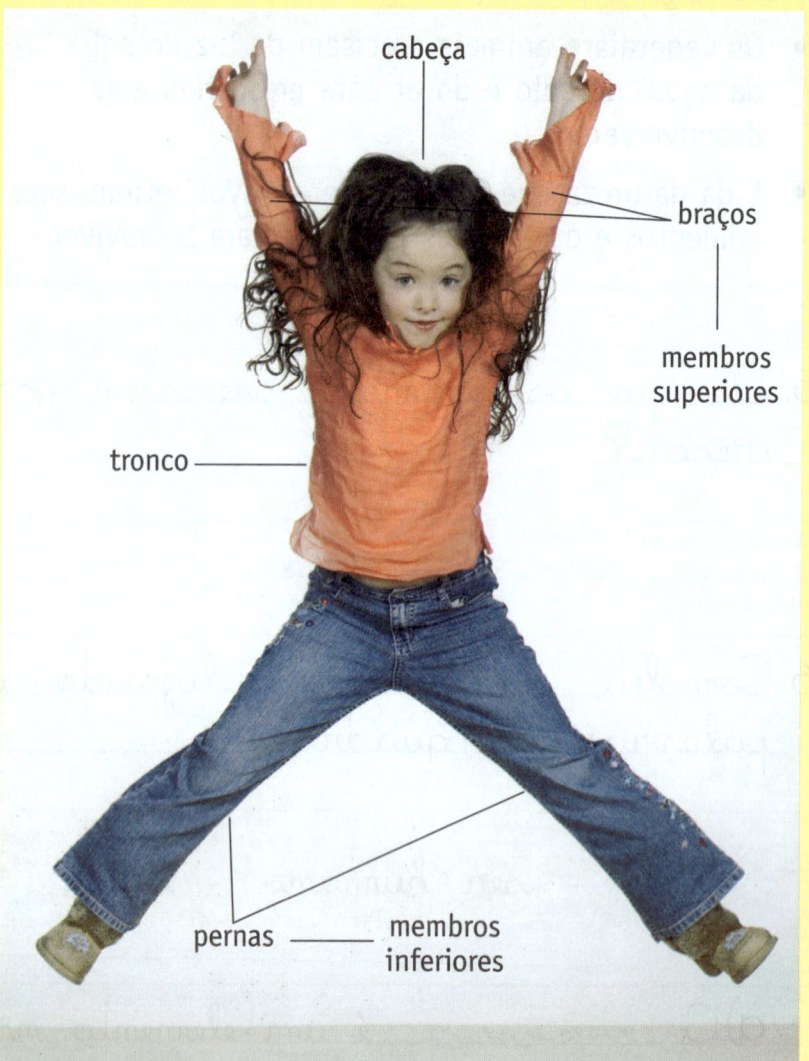

Com o corpo, as pessoas podem realizar diferentes movimentos: ficar de pé, caminhar, correr, dançar.

- Os ossos sustentam o corpo e ajudam a realizar os movimentos.
  - O conjunto de ossos do corpo chama-se esqueleto.

- Os músculos cobrem o esqueleto. Eles estão ligados aos ossos e movem o corpo.
- A pele protege o corpo.
- Na cabeça estão os cabelos, os olhos, o nariz, as orelhas e a boca.
  - Debaixo dos cabelos está o crânio. Ele é uma caixa óssea que protege o cérebro, o órgão que controla todas as atividades importantes para a vida do ser humano.
- No tronco está o abdome. Dentro dele temos o estômago, o fígado, o pâncreas, o baço, os intestinos, os rins e a bexiga.
  - O coração e os pulmões também estão no tronco, dentro de uma caixa óssea que os protege.

Músculos e ossos dão movimento e sustentação ao nosso corpo para realizar diversas atividades.

1. Circule o nome das partes do corpo que ficam na cabeça.

pés   olhos   nariz
orelhas   mãos   cabelos
boca   cotovelos   unhas

2. Relacione as colunas:

Sustentam o corpo e ajudam nos movimentos — Músculos

Estão ligados aos ossos e movem o corpo — Pele

Conjunto de todos os ossos do corpo humano — Ossos

Reveste e protege o corpo — Esqueleto

11

3. Encontre o nome de partes do nosso corpo no caça-palavras.

L	B	R	A	Ç	O	S	Q	F	V	C	B
N	P	F	P	S	L	U	T	R	N	M	O
O	L	H	O	S	C	D	Ç	G	J	N	C
Q	J	S	W	V	C	X	I	T	H	M	A
A	P	O	H	G	F	D	S	O	X	A	Z
B	W	R	R	N	B	N	A	R	I	Z	S
D	X	E	K	I	L	Ç	D	U	A	R	W
O	B	L	V	P	E	R	N	A	S	K	H
M	Z	H	C	W	V	Y	T	H	U	P	I
E	O	A	S	D	T	Ó	R	A	X	T	U
G	M	S	C	X	Q	D	E	S	Y	F	E

4. Separe as palavras que você encontrou no diagrama acima nos quadros que indicam as partes externas do corpo.

CABEÇA	TRONCO	MEMBROS

Lembre que:

Os sons, a visão, os cheiros, os gostos e as sensações que temos, por exemplo, de frio ou calor são percebidos por nosso corpo pelos órgãos dos sentidos.

Os órgãos dos sentidos são olhos, língua, orelhas, nariz e pele.

- Com os olhos podemos ver. A **visão** é um dos sentidos do ser humano.

- Com as orelhas podemos **ouvir**. Elas têm o formato parecido com o de uma concha, que permite captar sons vindos de todas as direções. Assim, mesmo de olhos vendados, podemos saber de onde eles vêm.

- O nariz é o órgão do **olfato**. Com o olfato sentimos o cheiro das flores, dos perfumes e até reconhecemos cheiros que indicam perigo, como vazamento de gás, alimento estragado etc.

- A língua é o órgão do **paladar**. Com ela podemos sentir o sabor dos alimentos. A língua percebe quatro sabores: doce, amargo, salgado e azedo.

- A pele reveste nosso corpo. Com ela sentimos o quente, o frio, o duro ou o mole, o liso ou o áspero. Esse é o sentido do **tato**.

5. Associe a imagem ao sentido que está sendo usado.

- olfato
- audição
- visão
- tato
- paladar

6. Assinale a alternativa que completa as frases a seguir.

a) O sentido do olfato nos permite
( ) ouvir sons.
( ) sentir cheiros.
( ) ver coisas.

b) O paladar nos permite
( ) perceber a forma de objetos.
( ) sentir sabores.

7. Identifique os sentidos experimentados nas frases:

a) Ana sentiu o cheiro da sopa que sua avó fez.

b) Roberto experimentou um doce.

c) Juliana mergulhou na piscina e ficou com frio.

d) Marcelo assistiu a uma partida de futebol.

e) Tadeu ouviu um carro buzinar.

8. Troque os símbolos pelas letras e descubra um alerta:

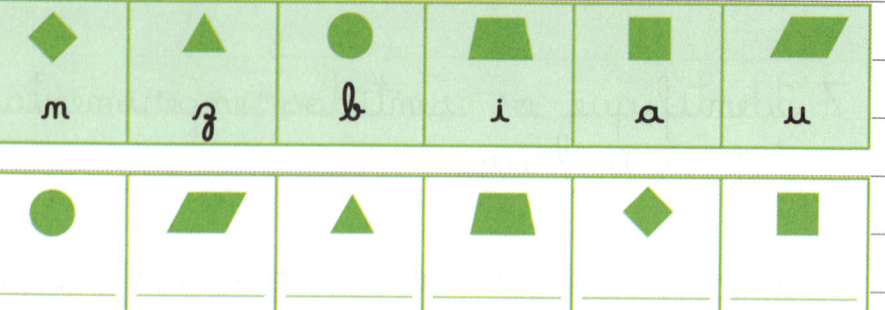

- Por meio de qual sentido podemos perceber esse alerta?

9. Observe as imagens das frutas e faça o que se pede.

- Faça um círculo ○ nas frutas doces.
- Faça um quadrado □ nas azedas.
- Faça um ✕ nas frutas de casca lisa.
- Faça um triângulo △ nas de casca áspera.

Algumas pessoas perdem a visão ou nascem sem enxergar. Mas os cegos ou deficientes visuais podem fazer suas atividades diárias usando outros órgãos dos sentidos, como a audição e o tato. Os cegos, por exemplo, conseguem ler. Só que os cegos leem os textos não por letras escritas em papel, mas pelo sistema braile.

O francês Louis Braile perdeu a visão ainda criança. Adulto, ele tornou-se professor em uma escola para cegos. Em 1829, ele criou esse sistema formado por conjuntos de pontos que correspondem às letras do alfabeto, aos números e sinais da escrita, como a vírgula, por exemplo.

Formado por pequenos pontos salientes, no braile a pessoa sente esses pontos com a extremidade dos dedos. Nesse caso, podemos dizer que a pessoa "lê" pelo sentido do tato.

Você já deve ter notado a presença desse sistema em determinados locais. Caso não tenha visto, observe no interior de elevadores de alguns edifícios: abaixo dos números dos andares há pequenos pontos que se podem tocar. Os deficientes visuais "leem" esses pontos e sabem então o número do andar ao qual vão subir ou descer. Também em alguns museus e lugares públicos, por exemplo, pode haver sinalização para deficientes visuais, como título e descrição de obras de arte em braile.

Marco Antonio Sá/Kino

Com os dedos, a pessoa percebe os conjuntos de pontos. Cada conjunto significa uma letra, um número ou sinal gráfico (a vírgula, por exemplo).

BLOCO 3

CONTEÚDO:
- Animais
- Vertebrados e invertebrados
- Revestimento do corpo
- Reprodução
- Animais domésticos e silvestres

Lembre que:

Na natureza existem diversos animais. As pessoas, os peixes, os insetos, as aves são exemplos de animais.

Para poder estudar melhor os animais, os cientistas os agrupam de muitas maneiras. Por exemplo, pelas semelhanças nas partes do corpo, pela maneira como se reproduzem e pelos alimentos que comem.

Uma das maneiras de dividir os animais é observando sua estrutura. Existem animais que possuem coluna vertebral, e por isso são chamados de **vertebrados** e existem também animais que não possuem coluna vertebral, são chamados de **invertebrados**.

– Os vertebrados são divididos cinco grupos: mamíferos, aves, répteis, peixes e anfíbios.

Alguns exemplos de grupos de animais são:

- **Mamíferos**, formado pelos porcos, cavalos, cachorros, gatos e todos os animais que, ao nascerem, mamam em suas mães. É nesse grupo que se encontram os seres humanos.
- **Aves**, grupo das galinhas, dos patos, da avestruz e de todos os pássaros.
- **Répteis**, no qual estão animais como as lagartixas, os jacarés, as cobras, os lagartos e as tartarugas.
- **Peixes**, composto por bagres, pirarucus, tucunarés, cavalos-marinhos e muitos outros.
- **Anfíbios**, onde estão os sapos e as pererecas.
- **Insetos**, grupo da borboleta, da formiga, do pernilongo. Esse grupo faz parte dos invertebrados.

Existem ainda muitos outros grupos, mas o importante é saber que se pode agrupar os animais pelas suas características.

Cavalo. Galo. Cobra.

Perereca. Peixe. Mosca.

Lembre que:

Os animais podem viver em diferentes ambientes.

- Os que vivem somente na terra são chamados **terrestres**, como o coelho, o cachorro, o gato, o boi, o leão, a girafa e muitos outros.
- Aqueles que vivem apenas na água são os **aquáticos**, como os peixes, as baleias, a estrela-do-mar etc.
- Existem também aqueles que vivem na água e na terra, como os sapos, as pererecas e os jacarés, por exemplo.

1. Pinte os animais terrestres. Circule os animais aquáticos.

2. Descubra o grupo ao qual pertencem os animais e complete a cruzadinha.

a) Grupo de animais a que pertencem a formiga, a lagarta, o besouro.

b) Os animais desse grupo ao nascer mamam em suas mães.

c) Todos os animais desse grupo vivem na água, salgada ou doce.

d) Todos os pássaros pertencem a este grupo.

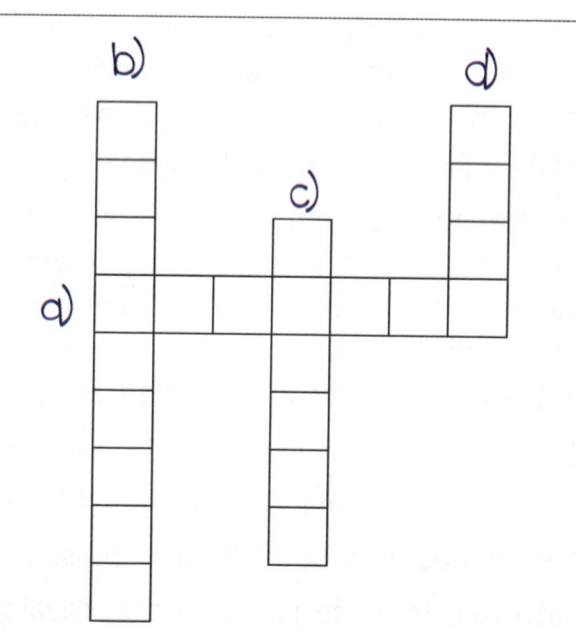

16

Lembre que:

Os animais ainda apresentam diferentes tipos de proteção em volta do corpo. Alguns têm a pele coberta de pelos ou de penas; outros de escamas ou de placas duras. Outros ainda têm a pele lisa.

Pelos — Mico-leão-dourado.
Penas — Pato.
Escamas — Cobra.
Placas duras — Jacaré.
Pele lisa — Sapo.

3. Ligue cada animal ao modo como ele se locomove.

- (gaivota) — anda
- (lagarto) — nada
- (peixe) — salta
- (porco) — voa
- (pulga) — rasteja

17

4. Pinte as áreas pontilhadas e descubra que animal aparece.

Agora, faça um **X** nas frases que descrevem o animal acima.

( ) Tem o corpo coberto de pelos.
( ) Tem quatro patas.
( ) Come vegetais.
( ) Tem dois pés.
( ) Possui placas duras.
( ) Possui coluna vertebral.

5. Escreva o nome de dois animais:

a) Que têm o corpo coberto por penas: _____ e _____.

b) Que têm pelos: _____ e _____.

c) Que têm a pele lisa: _____ e _____.

6. Associe cada animal a uma das características.

a Urso-polar   c Morcego
b Jacaré   d Tartaruga

☐ É coberta por placas duras.
☐ Vive em uma região com neve.
☐ É um réptil que rasteja.
☐ É um mamífero que voa.

18

7. Recorte de uma revista a imagem de um animal, cole-a aqui e descreva as suas características.

Onde vive?	Como é coberta a sua pele?
Do que se alimenta?	Como se locomove?

Lembre que:

- Alguns animais são formados e se desenvolvem dentro da barriga das fêmeas antes de nascer. Eles são chamados **vivíparos**. Os seres humanos, as baleias, os cachorros, os gatos e muitos outros animais são vivíparos.
  - Os animais que mamam quando são filhotes são os **mamíferos**.
- Há animais que nascem de ovos postos pelas fêmeas. Esses ovos se desenvolvem fora do corpo delas. Esses animais são chamados **ovíparos**. As aves, a tartaruga, as cobras, a borboleta são exemplos desses animais.

8. Pinte somente os animais vivíparos.

9. Complete o nome dos animais ovíparos, escrevendo apenas as vogais.

g _ l _ nh _   p _ p _ g _

t _ rt _ r _ g _ -m _ r _ nh _

10. Descubra a que animal se refere cada uma destas afirmações.

avestruz - galinha - tartaruga-marinha

a) Choca os ovos durante 22 dias.

b) Seus ovos são os maiores entre todos os animais do grupo das aves.

c) Bota ovos na areia da praia e os enterra.

Lembre que:

- **Animais domesticados** são aqueles criados pelo ser humano, gato, cachorro, galinha, porco, boi, vaca.
- **Animais silvestres** são aqueles que vivem livres na natureza.

11. Copie o nome dos animais, separando-os em domesticados e silvestres.

gato   urso-polar   zebra

cachorro   onça-pintada   cavalo

Animais domesticados:

Animais silvestres:

12. Complete as frases.
a) Os animais _____ são aqueles criados pelo ser humano.
b) Os animais _____ são aqueles que vivem livres na natureza.

13. Procure no diagrama abaixo o nome de 7 (sete) animais silvestres.

U	Q	M	R	E	F	O	N	Ç	A
R	A	V	B	L	E	Ã	O	J	S
S	Z	P	R	I	L	U	P	Z	T
O	B	G	I	R	A	F	A	B	I
R	E	O	F	G	Z	S	W	X	G
Ç	M	T	A	T	U	H	J	A	R
M	A	C	A	C	O	Z	Z	T	E

14. Faça um X nas frases que estão falando sobre os animais domesticados.
( ) São animais criados pelo ser humano.
( ) O cachorro e o gato são exemplos de animais desse tipo.
( ) Vivem livres na natureza.

21

15. Você já viu algum animal silvestre? Onde? Desenhe-o.

Lembre que:

Alguns animais são nocivos ao ser humano e a outros animais, de maneira direta ou indireta, isto é:

- Há animais que injetam veneno em outros animais para conseguir alimento ou para se defender. Quando ameaçamos esses animais, eles se defendem e injetam veneno em nosso corpo.

- Para se alimentar, alguns animais comem as folhas de vegetais. Alguns deles chegam a destruir plantações feitas pelas pessoas.

- Há animais que sugam o sangue de outros para viver, como a pulga, o carrapato e o piolho.

Lembre que:

- Ratos, moscas e baratas vivem em ambientes com lixo. Por isso, seu corpo carrega seres microscópicos, ou seja, que não são vistos pelos nossos olhos. Fezes desses animais, e urina no caso dos ratos, podem atingir um alimento, uma pessoa ou outro animal e transmitir doenças.

  - Para evitar doenças transmitidas por esses animais é importante ter bons hábitos de higiene e limpeza. Não deixar lixo acumulado, entulho e outros materiais que servem de abrigo para eles.

O escorpião injeta veneno com o ferrão da cauda.

O gafanhoto se alimenta de folhas e ataca plantações.

A pulga se alimenta de sangue de outros animais.

16. Explique o que esses animais podem causar aos seres humanos.

a) rato

b) cascavel

c) escorpião

23

17. Responda.
   a) Como alguns animais podem prejudicar o ser humano através das plantas?

   b) Que animais encontrados em nossa casa podem nos prejudicar?

   c) Como o ser humano se protege dos animais que o prejudicam?

18. Marque as alternativas corretas:
   a) Como os animais podem prejudicar o ser humano?
   ( ) comendo plantações
   ( ) cantando
   ( ) causando doenças

   b) São animais que podem transmitir doenças:
   ( ) rato
   ( ) borboleta
   ( ) pulga
   ( ) tartaruga
   ( ) barata

COMO PREVENIR ACIDENTES COM ANIMAIS PEÇONHENTOS

- Evite brincar ou mexer em locais com acúmulo de entulho, madeira ou outros materiais que possam oferecer esconderijo para aranhas, escorpiões e cobras.
- Não coloque a mão em buracos ou frestas.
- Não ande descalço.
- Nunca pegue um animal peçonhento na mão, nem que pareça morto.
- Em caso de picada, é preciso levar a pessoa para atendimento médico o mais rápido possível.

BLOCO 4

CONTEÚDO:

- O ser humano e os animais

Lembre que:

Os seres humanos utilizam alguns animais na alimentação, no vestuário e no transporte.

- O leite, as carnes, os ovos, o mel são alguns alimentos de origem animal.

- A lã, o fio para fazer tecido e o couro são obtidos de alguns animais.

- Há ainda animais usados no transporte de pessoas e de cargas. Existem ainda muitos outros grupos, mas o importante é saber que se pode agrupar os animais pelas suas características.

1. Ligue cada animal ao que o ser humano utiliza dele.

galinha

porco

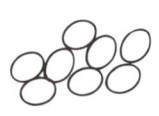

ovelha

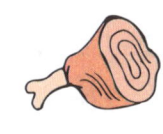

vaca

25

2. Escreva o nome dos animais usados para transporte.

3. Preencha as lacunas com as palavras do quadro:

ovelha - couro - cavalo

a) A lã é fornecida pela _____.
b) O transporte de pessoas e cargas pode ser feito pelo _____.
c) A vaca fornece o _____.

4. O que os seres humanos utilizam desses animais? Escreva nos retângulos.

abelha

porco

vaca

peixe

galinha

bicho-da-seda

5. Responda.

a) Os ovos de galinha são utilizados no preparo de muitos pratos. Cite alguns que você conhece.

b) Além da vaca, que outro animal produz o leite utilizado pelos seres humanos?

6. Complete a cruzadinha com os nomes de alguns produtos feitos com o couro e o leite da vaca.

7. Pesquise em jornais ou revistas um alimento de que você goste e que tenha algum item ou ingrediente de origem animal. Se preferir, desenhe-o:

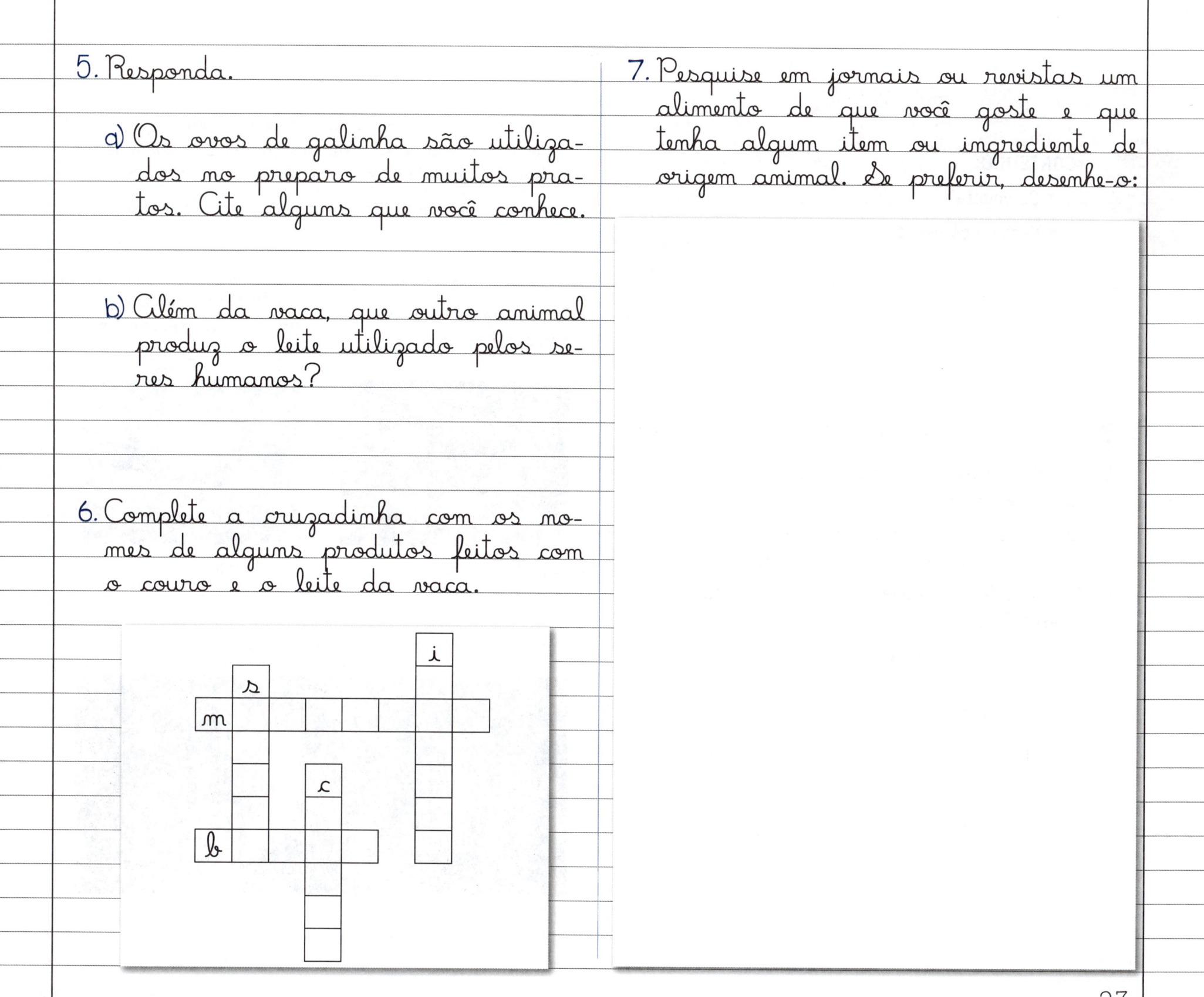

BLOCO 5

CONTEÚDO:
- Os vegetais
- Partes dos vegetais

Lembre que:

O vegetal ou a planta é um ser vivo que nasce, cresce, se reproduz e morre.

- Para crescer e se desenvolver, uma planta precisa de luz, calor, ar, água e sais minerais.
- Ao contrário dos animais, as plantas são capazes de fabricar seu próprio alimento.
- As plantas se reproduzem e dão origem a outras, semelhantes a elas.
  - A maioria das plantas nasce de sementes.
  - Mas muitas plantas podem se desenvolver de mudas.

Lembre que:

Os vegetais servem de alimento para os seres humanos e para outros animais. Com eles também são fabricados remédios, roupas e utensílios domésticos.

Veja algumas possibilidades de utilização dos vegetais:

Estes vegetais são usados como **alimentos**.

Legumes variados.

Da flor do algodão produzimos **tecidos** para fabricação de **roupas**.

Flor de algodoeiro.

Com a **madeira** podemos fabricar **móveis**.

Plantação de eucalipto, árvore da qual se extrai madeira usada como lenha e na fabricação de móveis, papel etc.

1. Adivinhe o que sou. Coloque na adivinha o nome da parte da planta correspondente.

flor   raiz   fruto   caule   folha

a) Fixo a planta na terra e absorvo água com sais minerais.

b) Transporto a água com sais minerais e a glicose produzida.

c) Sou responsável pela produção da glicose, que dá energia para a planta.

d) Eu me transformo em fruto.

e) Guardo as sementes.

2. De que planta nascem estes frutos?

3. Escreva o nome das partes da planta.

1   3   5

2   4

4. Numere os quadradinhos de acordo com o desenvolvimento de uma planta.

5. Complete as frases de acordo com o que você aprendeu.

a) A maioria das plantas nasce de _____.

b) Outras plantas se desenvolvem a partir de _____.

Em vez de desperdiçar as cascas e os restos de verduras, frutas e legumes que utilizamos na alimentação, podemos transformá-los em adubo para as hortas e os jardins.

Peça a um adulto que arranje uma caixa de madeira para você. Encha essa caixa com cascas e restos de vegetais.

Os resíduos começarão a se decompor. Em algumas semanas, eles terão se transformado num ótimo adubo para o seu jardim.

BLOCO 6

CONTEÚDO:
- Alimentação

Alimentos de consumo irrestrito

Frutas. Cenoura. Repolho.

Frutas, verduras e legumes precisam ser bem lavados e não necessitam de cozimento.

Lembre que:

Devemos comer alimentos adequados todos os dias para crescer, ter energia e ficar fortes e sadios.

- Os alimentos vêm das plantas e dos animais. Alguns podem ser comidos crus, outros devem ser cozidos.
- Devemos praticar bons hábitos em relação à alimentação.
  - Lavar as mãos antes e depois das refeições.
  - Fazer as refeições nas horas certas: café da manhã, almoço, lanche e jantar.
  - Evitar balas, bolachas, biscoitos e salgadinhos entre as refeições. Esses alimentos engordam e estragam os dentes.
  - Comer frutas, legumes, verduras e beber muito suco natural.
  - Lavar as frutas e verduras.
  - Beber água filtrada ou fervida.
  - Evitar refrigerantes.
  - Preferir alimentos naturais e frescos.

Alimentos de consumo moderado

Salgadinho. Doces. Batata frita.

Alimentos industrializados, doces e frituras devem ser consumidos com moderação.

Existe um ditado que afirma: "coma para viver, não viva para comer", ou seja, precisamos comer para nosso desenvolvimento e saúde.

Comer demais torna as pessoas obesas e traz riscos de doenças.

1. Copie o nome dos alimentos no quadro certo.

leite - cenoura - frango
ovos - feijão - maçã

Origem vegetal	Origem animal

2. Escreva o nome dos alimentos que compõem seu prato preferido.

3. Na foto aparecem vários bolos. Pesquise uma receita de bolo e veja quais os ingredientes necessários para fazer um bolo.

Liste abaixo aqueles que são de origem vegetal e os de origem animal.

Origem vegetal	Origem animal

4. Circule apenas os alimentos que podem ser consumidos crus:

> feijão - laranja - lentilha
> alface - banana - milho
> repolho - tomate - abobrinha
> maçã - grão-de-bico - pepino

a) Agora separe os alimentos por categoria:

Frutas	Legumes	Verduras	Grãos

b) Qual grupo de alimentos necessita de cozimento?

5. Complete as frases com as palavras do quadro:

> moderação - saúde - doenças
> doces - dentes - frituras

a) Os alimentos industrializados devem ser consumidos com _____.

b) Uma boa _____ pode ser conquistada com uma alimentação adequada.

c) A obesidade pode acarretar diversas _____ crônicas.

d) Os _____ precisam ser consumidos com moderação, porque o excesso pode estragar os _____.

e) Para uma alimentação saudável é necessário evitar _____.

6. Assinale as frases que correspondem a bons hábitos em relação à alimentação:

☐ Beber sucos e água filtrada.

☐ Não lavar as mãos antes e depois das refeições.

☐ Beber água da torneira e refrigerante.

☐ Evitar bolachas e salgadinhos.

☐ Fazer as refeições nas horas certas.

7. Leia as palavras do quadro:

leite - ovos - batata - abacate

a) Quais alimentos você encontrou de origem animal?

b) Quais alimentos você encontrou de origem vegetal?

DE OLHO NO RÓTULO

Ao comprar alimentos industrializados, devemos ter alguns cuidados. O principal deles é verificar a data de validade na embalagem do produto. É muito importante que o alimento esteja dentro desse prazo.

Se for enlatado, a lata não pode estar amassada, estufada ou enferrujada, pois é sinal de que o seu conteúdo não está apropriado para consumo.

Produtos com as embalagens rasgadas também dever ser evitados. Assim como embalagens longa vida amassadas.

Preste atenção também na indicação dos componentes do alimento: a quantidade de gorduras, de carboidratos, de vitaminas, de sais minerais. Para as pessoas que precisam tomar cuidado com a ingestão de alguns desses componentes, essas informações são muito importantes. Todos nós devemos verificar a composição dos produtos.

Os aditivos químicos também devem ser divulgados na embalagem dos alimentos.

Eles são substâncias artificiais que têm a função de conservar, dar cor, aroma, textura e outras características aos alimentos.

Os aditivos químicos podem causar danos à saúde e, por isso, a quantidade ingerida diariamente deve ser controlada. Muitos corantes usados em doces causam alergias.

BLOCO 7

CONTEÚDO:
- Cuidados com o corpo
- Higiene pessoal
- Higiene do meio ambiente

Para a saúde da mente é importante:
- Ler bons livros;
- Brincar;
- Ouvir música;
- Desenhar;
- Passear;
- Cultivar amigos;
- Praticar esporte tambem é bom para a mente.

Lembre que:

Todos nós desejamos ter saúde.
- Para ter saúde, devemos cuidar do nosso corpo e da nossa mente.
- Manter a higiene, comer alimentos saudáveis, praticar exercícios e dormir o suficiente são fatores importantes para ter saúde.

Leia algumas dicas de hábitos saudáveis:
- Escovar os dentes;
- Alimentar-se bem;
- Sentar-se corretamente;
- Praticar esportes;
- Cortar as unhas;
- Usar roupas limpas e confortáveis;
- Dormir pelo menos 8 horas por dia;
- Lavar as mãos antes das refeições;
- Tomar banho.

1. Complete as frases de acordo com as ilustrações.

a) Com a _____ escovo meus dentes.

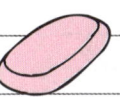

b) Com o _____ tomo banho.

c) Com o _____ penteio os cabelos.

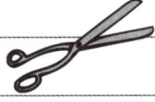

d) Com a _____ corto as unhas.

2. Marque a resposta correta. Qual é a função dos dentes?

☐ Proteger a gengiva.

☐ Mastigar os alimentos.

☐ Enfeitar a boca.

3. Pinte os objetos que usamos para fazer a higiene do corpo.

4. Marque com a letra C os hábitos saudáveis para o corpo e com a letra M os hábitos saudáveis para a mente:

☐ Sentar-se corretamente.

☐ Ir a um museu.

☐ Fazer amigos.

☐ Cortar as unhas.

☐ Ouvir música.

☐ Tomar banho.

☐ Escovar os dentes.

5. Indique três ações importantes para manter uma boa saúde física.

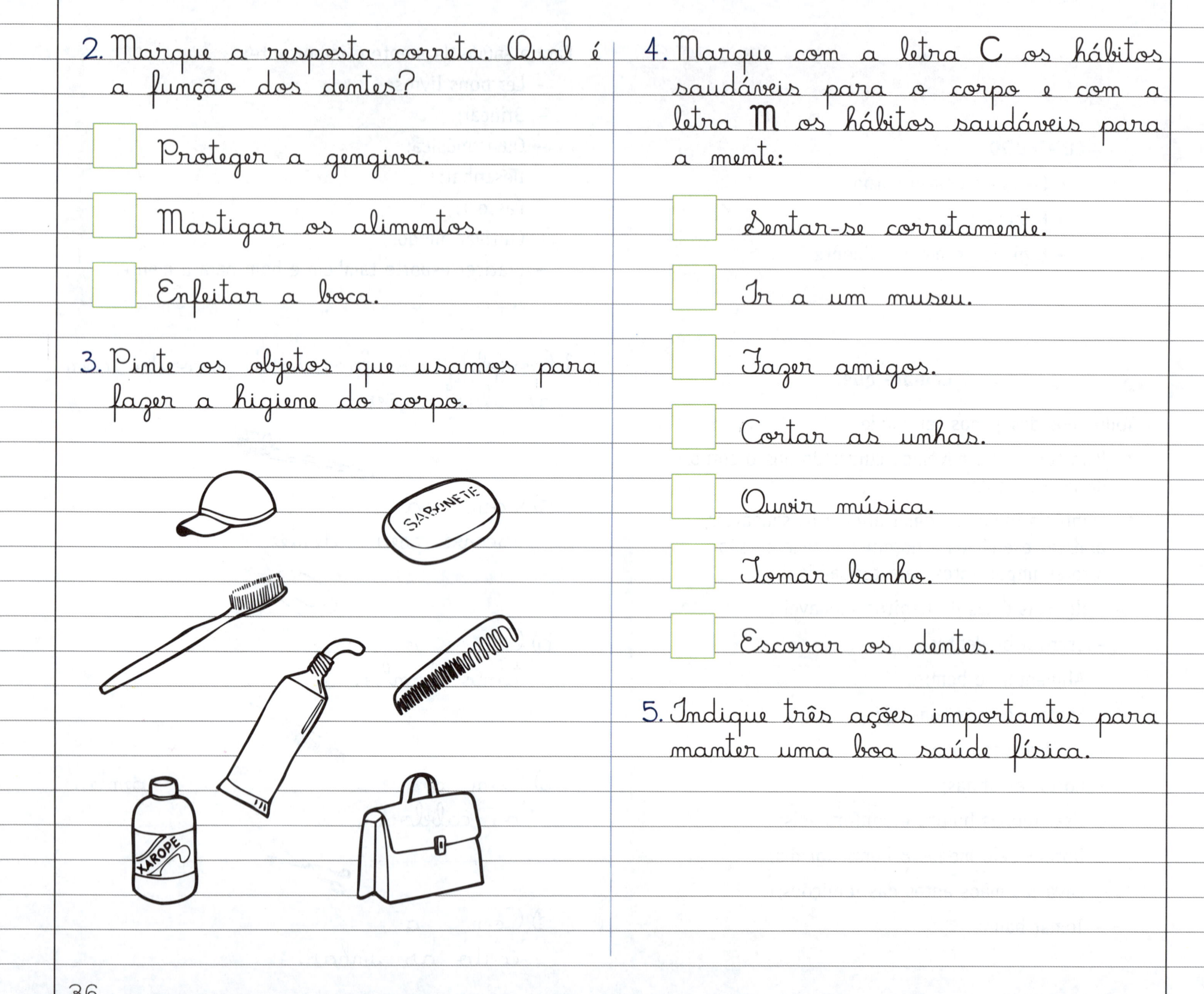

6. Faça um desenho da atividade que você mais gosta de fazer:

Lembre que:

A saúde também depende da higiene do lugar em que vivemos.

Todos podem ajudar a tornar limpo o lugar em que vivem.

Grande parte do lixo pode ser reciclada, isto é, aproveitada na fabricação de novos produtos. Dessa maneira, colaboramos sendo mais cuidadosos com o lixo.

Para que o lixo seja reciclado, ele precisa ser separado por categoria:

- Os vidros, plásticos, metais e papéis são reciclados, isto é, são usados para fazer novos vidros, plásticos, metais e papéis.
- Os restos de alimentos são usados para fazer adubo.

Lixeiras de coleta seletiva.

Vidro	Plástico
Metal	Papel

Restos de alimentos

Com o resto de alimentos é possível fazer adubo orgânico. Pela decomposição de cascas de ovos, frutas e outros restos vegetais, os restos de alimentos tornam-se fertilizante para serem usados nas hortas e nos jardins.

7. Responda marcando com um X.

a) Na sua escola há lixeira?

☐ Sim   ☐ Não

b) Quando você vê um colega jogando lixo no chão, chama a atenção dele?

☐ Sim ☐ Não

c) Na rua onde você mora, o lixo é coletado diariamente?

☐ Sim ☐ Não

d) É correto jogar lixo pela janela do carro ou do ônibus?

☐ Sim ☐ Não

8. Pinte o material que pode ser transformado em adubo:

9. Leia e pinte as cenas que estão corretas em relação ao lixo.

Enterrar o lixo (caso não passem os coletores de lixo).

Jogar o lixo em um terreno vazio.

Jogar o lixo em terreno vazio, córregos e rios.

Colocar o lixo em sacos de plástico e fechar bem.

10. Leve cada lixo para a lixeira correta.

40

BLOCO 8

CONTEÚDOS:
- Recursos naturais
  – Água
  – Solo
  – Ar

Lembre que:

Os seres vivos necessitam de água para viver.

Nós, os seres humanos, usamos a água para beber, lavar os alimentos, fazer a limpeza de nosso corpo e dos animais, da nossa casa.

- Encontramos água nos rios, nos mares, nas nuvens.

- A água que os seres humanos devem utilizar para consumo é a água **potável**, que vem das estações de tratamento. Essa água deve ser filtrada antes de ser ingerida.

- A água que sai das casas carrega sabão, detergente, restos de comida, papéis, fezes. Essa água deve passar pela estação de tratamento antes de ser descartada, caso contrário, a água suja é levada por canos até os rios e mares. Então, esses ambientes ficam poluídos.

- O lixo que jogamos nas ruas entra pelos bueiros e também polui a água dos rios e dos mares.

- Muitas vezes, o lixo entope os bueiros e isso alaga as ruas.

- Além disso, de tanto receber lixo, o rio vai ficando cada vez mais raso.

- O rio raso enche depressa nas chuvas e inunda as ruas.

O acúmulo de lixo nos rios é uma das causas das enchentes.

1. Para que sua família usou a água hoje? Faça um X.

☐ Escovar os dentes.
☐ Encher a banheira.
☐ Beber.
☐ Preparar alimentos.
☐ Lavar veículos.
☐ Tomar banho.
☐ Lavar as mãos.
☐ Usar a descarga.
☐ Regar plantas.
☐ Lavar o chão.
☐ Lavar louça.
☐ Lavar roupa.

2. Observe os desenhos e complete. Utilizamos a água para:

42

3. Troque os símbolos pelas letras e descubra o nome de algo importante para as nossas vidas.

♦	▲	●	⬟	■	▰	▬
s	g	á	i	a	r	u

●	▲	▬	■

4. Complete as frases sobre as causas das enchentes:

inunda - bueiros - chover
mares - raso - entope
rio - ruas

a) Se _____ muito o lixo jogado nas ruas _____ os bueiros, e sem ter para onde ir a água alaga as _____ .

b) O lixo que entra pelos _____ acaba indo parar nos rios, lagos e _____ .

c) O rio vai ficando cada vez mais _____ , porque o lixo vai se depositando no fundo.

d) Quando chove muito o _____ raso enche depressa e _____ as ruas.

5. Complete a cruzadinha com os lugares onde podemos encontrar água.

			p				
	t				m		r
			ç				
							o
m		r					

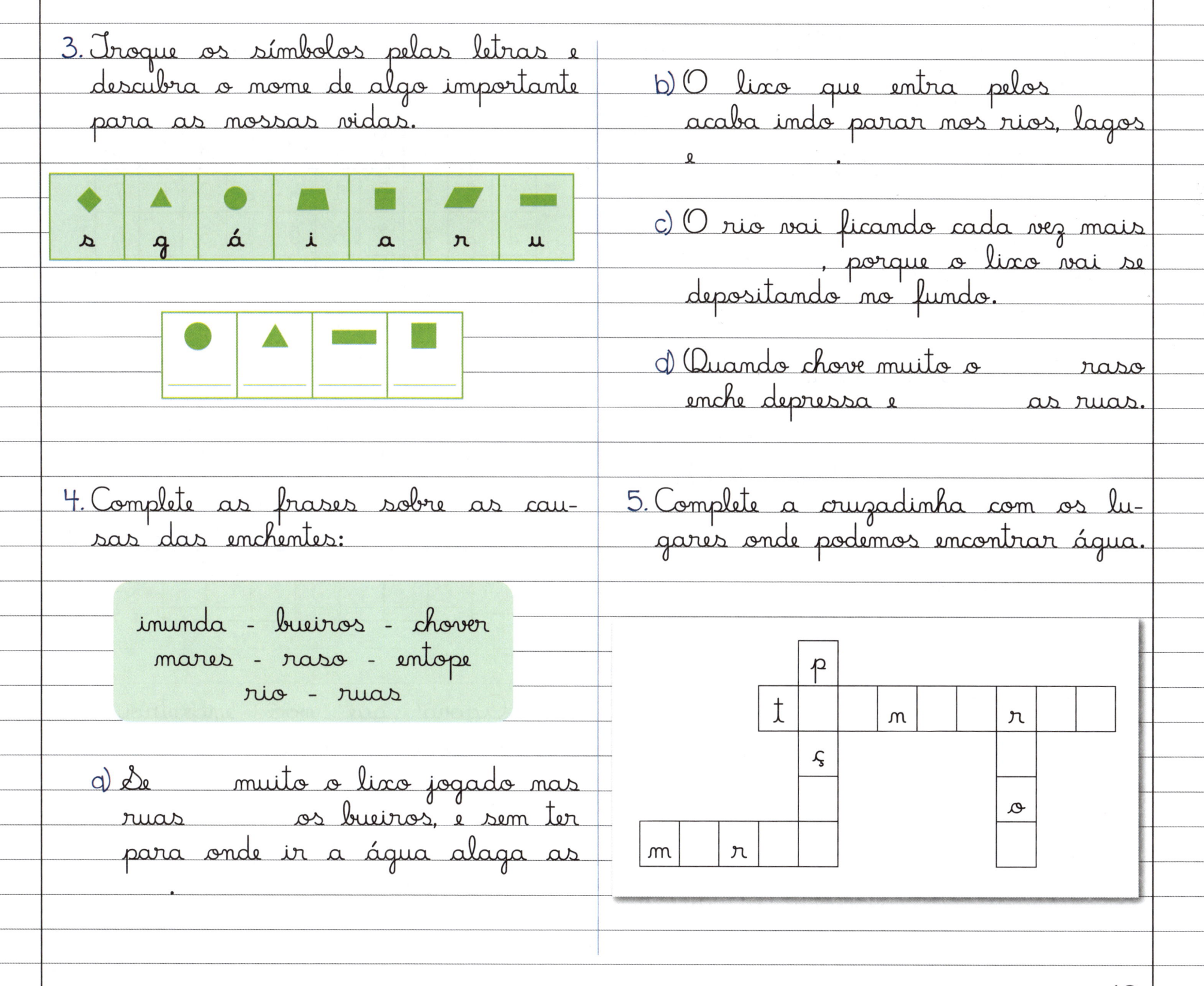

43

6. Pinte as ações em que a água será utilizada.

- Pular amarelinha.
- Preparar alimentos.
- Beber.
- Regar as plantas.
- Tomar banho.
- Descascar uma maçã.
- Desenhar.
- Ouvir rádio.
- Lavar a roupa.
- Escovar os dentes.

7. Separe as letras dos números e forme duas palavras.

9	f	i	l	4	3	7	9	0	8
3	8	7	5	t	r	a	2	6	7
d	a	4	7	8	5	1	3	1	6
8	2	4	3	6	3	7	2	4	2
0	5	7	6	2	7	0	p	o	2
t	á	3	7	5	9	2	5	1	6
3	7	9	5	2	1	3	5	8	5
3	9	5	1	5	v	e	l	7	6

☐☐☐☐☐☐☐☐

☐☐☐☐☐☐

- Agora que você encontrou as palavras, complete a frase:

A água que os seres humanos devem utilizar é a água _____, e antes de ser ingerida deve ser _____.

Lembre que:

Os seres vivos precisam do solo.

- No solo vivem muitos animais, como os tatus, as formigas, as minhocas.
- É no solo também que a maioria das plantas se desenvolve.
- Os seres humanos transformam o solo para fazer plantações, construir cidades e outras atividades.

8. Numere as cenas de acordo com as indicações para mostrar como o solo foi transformado.

1 construção de moradias
2 pasto
3 abrigo de animais

9. Pinte a cena que mostra uma atitude correta em relação ao solo.

10. Assinale o que há no solo:

- [ ] gaivota
- [ ] topeira
- [ ] pipa
- [ ] caneta
- [ ] pedras
- [ ] minhoca
- [ ] caneta
- [ ] formiga
- [ ] tatu
- [ ] boneca
- [ ] telhado
- [ ] raízes

- Agora, faça um desenho ilustrando tudo o que você assinalou:

Lembre que:

Os seres humanos modificam o ambiente para atender suas necessidades. Eles constroem ruas, moradias, pontes, prédios, fazem plantações.

Para fazer essas modificações é preciso tomar muito cuidado, pois os seres vivos que vivem nesses ambientes podem ser prejudicados.

Muitas construções feitas pelas pessoas ocupam o lugar onde viviam animais e vegetais. Para viver nesses lugares, as pessoas destroem o ambiente desses seres vivos.

12. Assinale, na segunda cena, todas as modificações que foram feitas no ambiente.

11. Pesquise em uma revista uma imagem que mostre uma modificação do ser humano no ambiente como plantações e construções de casas ou fábricas. Recorte-a e cole-a aqui.

Lembre que:

Todos os seres vivos precisam do ar para viver.

- O ar forma uma camada de gases que envolve o nosso planeta, chamada atmosfera.
- No ar há um gás chamado oxigênio. Esse gás é necessário para a sobrevivência dos seres vivos.
- Quando o ar está em movimento, dizemos que há vento.

Na imagem, as crianças respiram e as plantas também, a pipa voa, tudo graças ao ar.

13. Podemos perceber o ar quando:

☐ Um avião voa.

☐ As árvores balançam.

☐ Os pássaros cantam.

☐ Jogamos basquete.

☐ Uma porta bate.

☐ A poeira voa.

☐ Avistamos um paraquedas.

14. Complete as frases.

a) Atmosfera é

b) Ar é

c) O _____ é um desses gases.

Alguns instrumentos ajudam a perceber a velocidade e a direção do vento.

Esses instrumentos são muito utilizados em campos de aviação.

Esta é a **biruta**, instrumento que indica a direção do vento.

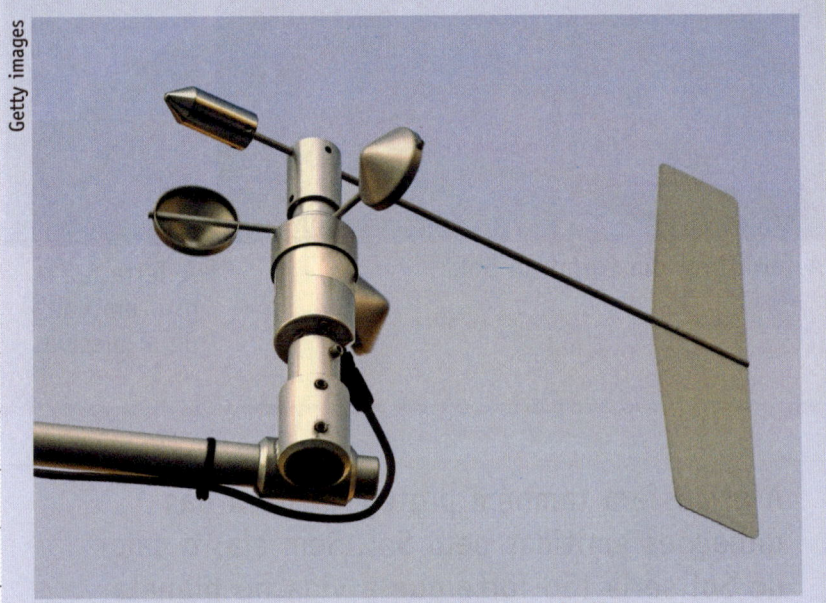

Este instrumento chamado **anemômetro** indica a velocidade do vento.

15. Como podemos perceber a existência do ar?

16. Identifique se as frases são verdadeiras (V) ou falsas (F):

( ) Os seres vivos precisam do ar para viver.

( ) No ar existe um gás chamado oxigênio.

( ) O oxigênio não é necessário para a sobrevivência dos seres vivos.

( ) O ar parado é chamado vento.

BLOCO 9

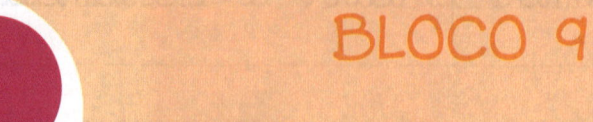

CONTEÚDO:
- A Terra
- Movimentos da Terra
- Estações do ano

Lembre que:

A Terra é o planeta onde vivemos.

A Terra vista do espaço.

- À noite, quando olhamos o céu, além das estrelas vemos a Lua. Ela não possui luz própria, apenas reflete a luz do Sol.
  - A Lua é um satélite natural e gira em torno da Terra.
- Assim como a Lua, a Terra também gira, mas em torno do Sol.
  - O tempo de duração de uma volta completa da Terra ao redor do Sol é de 365 dias, ou seja, um ano.
  - A Terra também gira em torno de si mesma, como um pião. Para completar uma volta ela leva 24 horas, ou seja, um dia.

A Terra gira em torno do Sol.

A Terra faz o giro em volta de si mesma.

A atmosfera também protege a Terra das radiações emitidas pelo Sol. Sem ela, o calor do Sol seria tão forte que a vida no planeta se tornaria impossível. Graças à atmosfera, as temperaturas permitem que os seres vivos habitem quase todos os espaços do planeta.

- O Sol é uma grande estrela que ilumina e aquece a Terra.
- A luz do Sol é indispensável para a vida dos seres vivos.
- Os animais e as plantas recebem luz e calor do Sol.
- No lado da Terra virado para o Sol, é dia.
- No lado da Terra que está escondido do Sol, é noite.

Dia.

Noite.

1. Marque a resposta correta.

a) A Terra gira em torno:
- ☐ da Lua.
- ☐ do Sol.
- ☐ das estrelas.

b) O satélite da Terra é:
- ☐ a Lua.
- ☐ o Sol.
- ☐ uma estrela.

c) Para dar uma volta completa ao redor do Sol, a Terra leva:
- ☐ 365 dias.
- ☐ um dia.

2. Encontre as palavras no diagrama.

Sol   Lua   Terra   Estrela

M	T	V	L	U	A	T	C
J	E	G	S	B	H	Z	Z
L	R	I	M	S	P	P	R
A	R	M	U	O	P	Z	R
C	A	M	U	L	S	X	O
E	S	T	R	E	L	A	C

3. Identifique as frases verdadeiras (V) e as falsas (F):

a) No lado da Terra escondido do Sol é dia. ( )
No lado da Terra escondido do Sol é noite. ( )

b) A luz do Sol é indispensável à vida na Terra. ( )
A luz do Sol é dispensável à vida na Terra. ( )

c) A Lua é um satélite natural da Terra. ( )
A Terra é um satélite natural da Lua. ( )

4. Complete as frases com as palavras do quadro:

estrela - noite - Terra - dia
satélite - Sol - aquece

a) No lado da Terra voltado para o _____ é _____.

b) A _____ demora 1 dia para completar uma volta em torno de si mesma.

c) A Lua é um _____ natural, por isso ela gira em volta da Terra, podemos vê-la à _____.

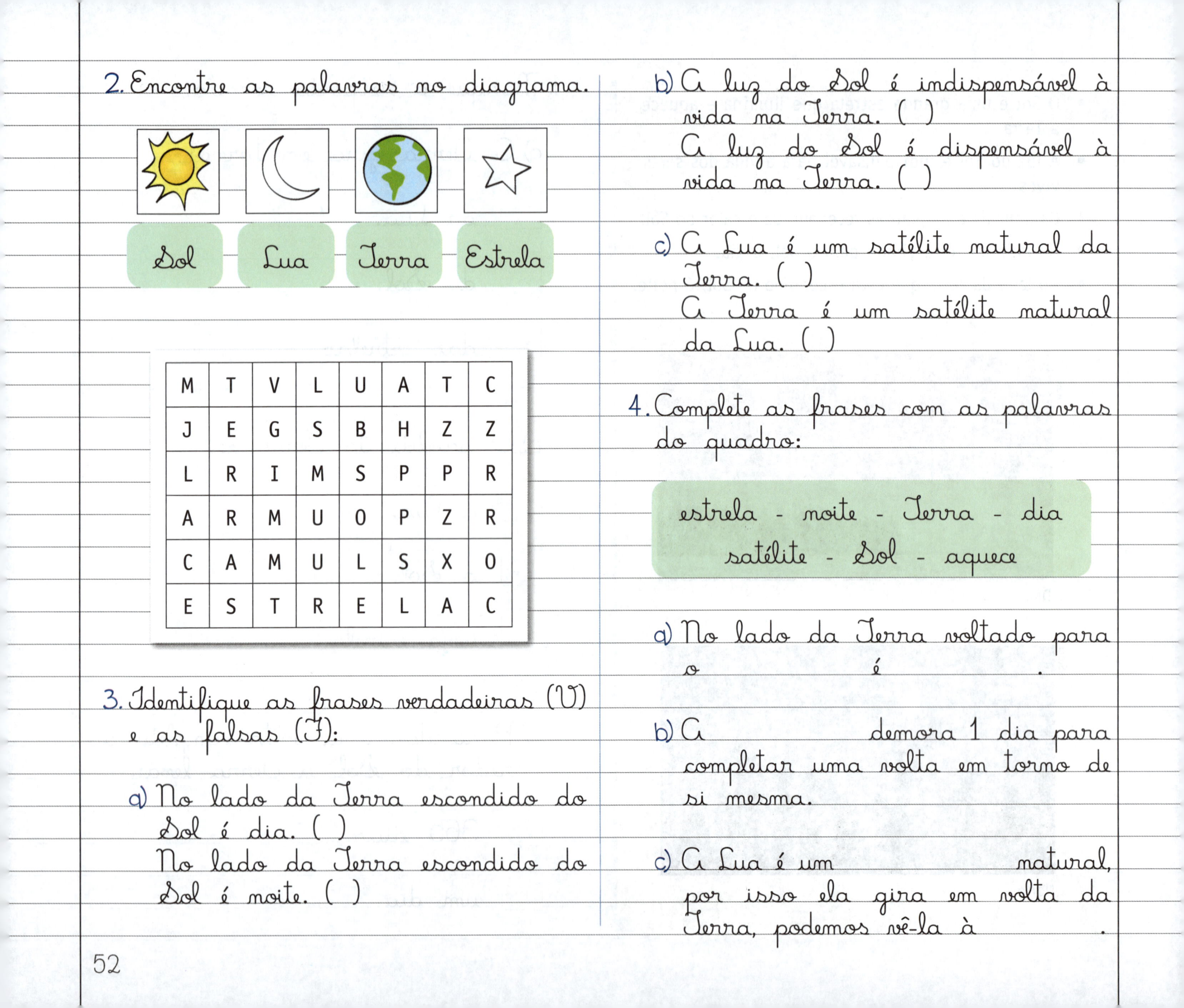

52

d) O Sol é uma grande _____ que ilumina e _____ a Terra.

5. Faça a ligação entre os quadros:

Terra	É uma grande estrela.
Lua	Gira em torno de si mesma.
Sol	É um satélite natural.

Lembre que:

- Durante o percurso que a Terra faz ao redor do Sol em um ano, o clima e a duração do dia e da noite vão mudando. São as **estações do ano**: primavera, verão, outono e inverno.
  - Na **primavera**, começam a brotar folhas novas em algumas plantas e muitas flores desabrocham. A primavera começa aproximadamente em 23 de setembro e vai até 21 de dezembro.
  - No **verão**, faz calor e ocorrem chuvas em várias partes do Brasil. O verão vai de 21 de dezembro a 21 de março.
  - No **outono** começa a ficar mais frio e algumas árvores perdem suas folhas. O outono começa em 21 de março e termina em 21 de junho.
  - No **inverno** as temperaturas ficam mais baixas e, em alguns lugares do mundo, pode cair neve em grande quantidade. O inverno começa por volta do dia 21 de junho e vai até 23 de setembro.

Verão. Inverno.

As duas fotos são do Jardim Botânico de Curitiba. A primeira foi tirada no verão e a segunda foi tirada em um dia de inverno. Observe a diferença na vegetação.

- Há uma época em que faz mais calor e outra em que faz mais frio. Há períodos em que chove mais e outros em que chove menos ou quase nada. E até o dia fica mais curto ou mais longo, dependendo da época.

- Nós vivemos no Brasil. Em algumas regiões as diferenças entre as estações do ano são marcadas principalmente pela quantidade de chuva. Em outras regiões é possível verificar a diferença das estações por meio da vegetação.

6. Relacione as três colunas:

Clima e vegetação	Estação	Período
Algumas árvores começam a perder folhas, começa a ficar mais frio.	Primavera	Começa em 21 de dezembro e termina em 21 de março.
O clima fica mais seco, o frio é mais intenso em alguns lugares.	Verão	Começa em 21 de março e termina em 21 de junho.
Chove mais e o clima também fica mais quente.	Outono	Começa em 23 de setembro e termina em 21 de dezembro.
Folhas novas começam a brotar e as flores desabrocham, o clima começa a esquentar.	Inverno	Começa em 21 de junho e termina em 23 de setembro.

7. Complete as árvores de acordo com a estação do ano indicada em cada uma delas.

Outono
- Poucas folhas na árvore
- Folhas amareladas
- Frutos

Primavera
- Muitas folhas na árvore
- Flores

8. Pinte o mês do ano em que você nasceu:

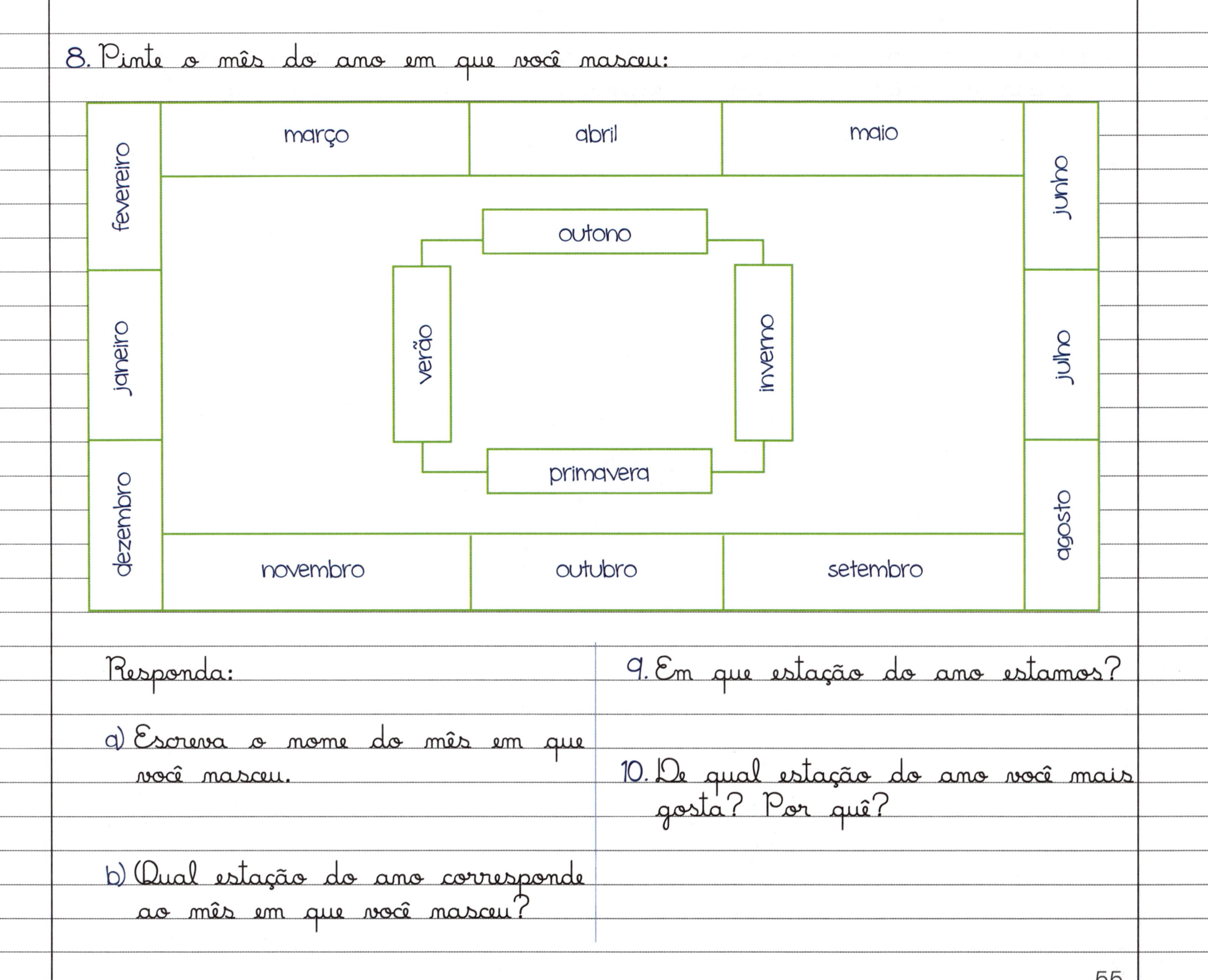

fevereiro	março	abril	maio	junho
janeiro	outono			julho
	verão		inverno	
dezembro	primavera			agosto
	novembro	outubro	setembro	

Responda:

a) Escreva o nome do mês em que você nasceu.

b) Qual estação do ano corresponde ao mês em que você nasceu?

9. Em que estação do ano estamos?

10. De qual estação do ano você mais gosta? Por quê?

11. Procure em revistas pessoas vestidas com roupas de inverno e pessoas com roupas de verão. Mas, antes, responda: por que as roupas são diferentes?

Atividades complementares

- **Os sentidos**
- **Adivinhas**
- **Coleção vertebrados e invertebrados**
- **Onde vivem os animais**

Os sentidos

Identifique os sentidos que usamos para perceber os elementos do quadro abaixo, pintando os quadrinhos conforme o modelo:

- 🟦 com os olhos - visão
- 🟥 com os ouvidos - audição
- 🟩 com o olfato - nariz
- 🟨 com as mãos - tato
- 🟧 com a boca - paladar

	visão	olfato	tato	paladar	audição
🥭	🟦	🟩	🟨	🟧	
🐕					
🎸					
☎️					
🍿					
🥗					

59

Adivinhas

Descubra de quem a adivinha está falando, ligando a imagem do animal ou fruto à sua descrição.

Bebe leite, mas não bebe café.
Fica no telhado, mas não é chaminé.

Sou cascudo e espinhento,
tenho coroa de rei.
Por dentro sou amarelo;
gostosinho sempre serei.

É verde como o campo,
mas campo não é.
Fala como homem,
mas homem não é.

Sou comprida e saborosa.
Minha casca é amarela.
Todos gostam de mim,
sempre assim magrela.

Sou gordinha e macia,
tenho muita aceitação.
Minha massa é amarela.
Estou lá no sacolão.

Coleção vertebrados e invertebrados

Vamos fazer uma coleção de animais vertebrados e invertebrados. Para isso recorte as figuras dos animais abaixo e depois cole-as nas páginas a seguir de acordo com a classificação de vertebrado ou invertebrado.

Cartela 1

Fotos: AbleStock/CPG

Cartela 2

Cartela 3

Cartela 4

Cole aqui os animais vertebrados

Cole aqui os animais invertebrados

Onde vivem os animais

Recorte as fotos das páginas seguintes (Cartela 5 e 6) e organize nos quadros de acordo com o ambiente que os animais vivem.

Animais terrestres

Animais aquáticos	Animais que vivem na água e na terra

Cartela 5

Cartela 6

- tucano
- gansos
- jacaré
- chimpanzé
- peixe
- tamanduá
- onça-pintada
- lagarto
- dromedário
- tartaruga
- urso
- gato
- estrela-do-mar
- sapo
- baleia